8° O² h
FGB

Capitaine **LE BRUN-RENAUD**

LA PERSE

POLITIQUE ET MILITAIRE

AU XIXe SIÈCLE

HISTOIRE DE LA DYNASTIE DES KADJARS

(1794-1894)

PARIS

LIBRAIRIE MILITAIRE DE L. BAUDOIN

IMPRIMEUR-ÉDITEUR

30, Rue et Passage Dauphine, 30

1894

Capitaine **LE BRUN-RENAUD**

LA PERSE

POLITIQUE ET MILITAIRE

AU XIXe SIÈCLE

HISTOIRE DE LA DYNASTIE DES KADJARS

(1794-1894)

PARIS

LIBRAIRIE MILITAIRE DE L. BAUDOIN

IMPRIMEUR-ÉDITEUR

30, Rue et Passage Dauphine, 30

—

1894

PRÉFACE

Le but de ce livre est d'esquisser l'histoire politique et militaire de l'empire persan sous la dynastie des Kadjars, qui règne sur ce pays depuis le commencement de ce siècle. Les trois voyages que le Chah S. M. Nasr-Eddin a accomplis en Europe en 1873, 1878 et 1889 ont attiré nos regards sur cette importante contrée de l'Asie, située entre les possessions anglaises de l'Inde et les provinces russes de la Transcaucasie et du pays des Turkmènes, en butte aux rivalités de ces deux grandes puissances.

Nous avons étudié la composition et l'organisation actuelles de l'armée persane sur laquelle M. Jean Malpertuy, qui a passé de longues années à Téhéran comme chancelier de la Légation de France, a bien voulu nous fournir des détails intéressants et inédits.

Nous avons aussi consacré un chapitre à l'introduction et au développement de notre art musical en Perse, dus à l'initiative d'un de nos compatriotes, M. Lemaire, ancien chef de musique militaire, actuellement inspecteur général des musiques de l'Empire persan.

LA PERSE

POLITIQUE ET MILITAIRE

AU XIXe SIÈCLE

CHAPITRE PREMIER

Histoire politique et militaire de la Perse sous la dynastie des Kadjars

(1794-1894)

La Perse, dont la superficie est de 1,160,000 kilomètres carrés et dont la population s'élève à 7,500,000 habitants, occupe par sa position géographique toute la partie occidentale du vaste plateau iranien dont l'Afghanistan et le Beloutchistan occupent le versant oriental. Ce plateau, dont les eaux ne se déversent dans aucune des mers qui baignent l'Asie, est entouré d'une ceinture de pays montagneux; il est bordé de plages basses et sablonneuses, exposées aux rayons d'un soleil brûlant; de hautes montagnes, hérissées de rochers arides, telles que le Kara-Dagh, l'Elbourz, le Chah-Kouck, l'Elvend, le Chir-Kouh, l'Alidjouk, le Djebel-Boukoun, dressent leurs cimes dénudées et souvent couvertes de neiges ; çà et là des vallées spacieuses, sans eau, des déserts imprégnés de sel marin, des villes et villages en ruines. Certaines contrées fertilisées par des rivières et coupées de vallons ombreux sont riches en céréales, plantes industrielles et fruits de toutes espèces, servant à l'alimentation de ses habitants.

La Perse, depuis l'antiquité jusqu'à nos jours, a vu se succéder un grand nombre de dynasties, qui comptèrent les plus célèbres conquérants de l'antiquité (Artaxercès, Darius et Alexandre) et des temps modernes (Tamerlan).

Pitchardiens 800 ans avant J.-C., Achéménides, Séleucides, Arsacides, Sassanides, califes d'Orient, Gaznévides, Seldjoucides, sultans de Kharizun, grands Mongols, Ilkhaniens, Djoubaniens, Modhafériens, Turcomans, Sofis ont été les souverains maîtres de cette terre, berceau de l'humanité. Nadir-Chah (1736), Ali-Kouli-Khan (1747), Ibrahim (1747), Ismaïl Chah (1717-1761), Kérim Wakil (1761-1779) ont régné avant l'avènement de la dynastie des Kadjars qui occupe le trône de nos jours.

Après la mort de Kérim Wakil, en 1779, ses frères et ses fils se disputèrent le pouvoir, et une série de sanglantes guerres civiles désola le royaume jusqu'en 1794. L'eunuque Mohammed, de la tribu kurde des *Kadjars*, profita de ces rivalités qui affaiblissaient le prestige des descendants de Kérim et se déclara indépendant dans le Mazandéran. Il triompha des partisans de Kérim et monta sur le trône. En 1797 il mourut, désignant pour son successeur son neveu Feth-Ali, qui quitta la résidence d'Ispahan comme étant trop éloignée de toute communication avec les puissances limitrophes et s'installa à Téhéran, afin d'exercer une plus active et plus directe surveillance sur les agissements des Russes qui convoitaient les provinces les plus riches de son empire, telles que la Géorgie, et s'apprêtaient à les envahir avec des forces imposantes. Il fit périr les complices du meurtre de son oncle dont il redoutait les dangereuses compétitions, puis déclara la guerre aux Russes qui avaient assis sur le trône de Géorgie le fils d'Héraclius, le prince Georges. Il subit quelques échecs et les Russes occupèrent Tauris. Reprenant l'offensive, il les battit et les chassa de la Géorgie qu'il réoccupa. Cette lutte acharnée dura dix ans avec des alternatives de succès et de revers.

Feth-Ali sollicita l'appui de l'Angleterre pour pouvoir tenir tête à la Russie qui se préparait à faire la conquête du Turkestan, de la Transcaucasie et voulait se rendre maîtresse de la mer Caspienne. En échange de ses bons offices, le gouvernement britannique exigea la cession des ports de Derbent,

Enzeli, Barfrouch, situés sur le littoral de la mer Caspienne, l'abandon de l'île Larak et du port de Bouchir, dans le golfe Persique. Feth-Ali se refusa à souscrire à d'aussi écrasantes exigences et à livrer son pays aux Anglais. Il se tourna vers Napoléon Ier dont il connaissait les victoires en Égypte et qu'il croyait capable de le protéger efficacement en l'arrachant aux empiètements incessants de ses voisins du nord et du sud-est.

Il fit écrire à l'empereur par le général Brune, notre ambassadeur à Constantinople (1805). Napoléon Ier, sentant qu'une alliance avec la Perse pouvait lui ménager l'ouverture d'une route sur l'Inde ou tout au moins inquiéter sérieusement les Anglais du côté de leurs possessions asiatiques, n'hésita pas à répondre aux avances du souverain persan. Il confia une mission diplomatique à Jaubert, ancien interprète de l'armée en Égypte, et au commandant Romieu.

L'Angleterre fit tous ses efforts pour la faire échouer. Elle donna des instructions secrètes au pacha de Bayazid pour faire arrêter Jaubert, sous la fausse inculpation d'espionnage et le faire incarcérer. Notre envoyé resta quatre mois prisonnier, fut remis en liberté à la mort du pacha et put gagner Téhéran. Son collègue, le commandant Romieu, après avoir, au prix de mille difficultés, échappé aux embûches tendues par les Anglais, avait pénétré dans cette ville et avait eu avec Feth-Ali d'importantes entrevues qui portèrent ombrage à l'Angleterre. Aussi il mourut subitement quelques jours après son arrivée, et le gouvernement anglais fut fortement et légitimement soupçonné d'avoir contribué à son empoisonnement.

Jaubert remplit sa mission avec succès et revint à Paris, comblé des présents du Chah.

Il fut remplacé par Bontemps, Jouannin, de Lablanche, Romnan qui entretinrent d'excellentes relations avec le Chah de Perse, qui espérait un jour nouer une alliance effective avec l'empereur des Français.

Ce fut seulement en 1807 que Napoléon, après ses brillantes victoires sur la Prusse, envoya en Perse une ambassade officielle, à la tête de laquelle il plaça le général Gardanne, un de ses aides de camp. Celui-ci était accompagné de son frère aîné, de Jouannin, Rousseau, Layard, des officiers de son armée, Fabvier, Lamy et Trézel, du docteur Salvatori et des abbés Damade et Frangopoulo.

Le général avait pour mission d'étudier une route à travers la Perse pour pénétrer dans l'Inde et de pousser le Chah à déclarer la guerre aux Anglais, en s'entendant avec les bandes afghanes. On garantissait au Chah, en échange de ces services, l'intégrité de son territoire. L'armée persane fut réorganisée sur de nouvelles bases; on créa un corps de troupes d'infanterie de 5,000 hommes; la cavalerie fut complétée et remise sur pied; une fonderie, installée à Ispahan, pourvut de canons et de matériel l'artillerie de ce pays.

Malheureusement les Russes faisaient de fréquentes incursions sur le territoire persan et Feth-Ali, obligé de les combattre, négligeait de suivre les clauses de la convention signée avec Napoléon et d'attaquer les Anglais sur les frontières de l'Afghanistan.

Napoléon Ier lui manifesta son mécontentement au traité de Tilsitt, en confirmant la prise de possession de la Géorgie par la Russie. Le Chah, se voyant ainsi abandonné, tenta de se rapprocher de l'Angleterre. Cette puissance lui fit faire des ouvertures par sir Harford Jones Brydges, qui débarquait dans le golfe Persique sous la protection d'une escadre. Cet ambassadeur exigea le départ immédiat du général Gardanne, qui, ne recevant aucune instruction de son gouvernement, se décida à quitter Téhéran, regretté du Chah, qui avait appris à l'estimer et à l'aimer. L'influence britannique fut prépondérante et l'augmentation des troupes persanes, qui furent commandées par des officiers anglais, en fut la conséquence.

L'Angleterre fut impuissante à empêcher la Perse d'être démembrée par le traité de Gulistan

(1813), qui cédait la Géorgie, le Daghestan, et la navigation exclusive de la mer Caspienne à la Russie.

Le Chah Feth-Ali, ne pouvant se résigner à cette désastreuse mutilation de son empire, cherchait le moment propice de prendre une revanche éclatante, lorsqu'en 1825, l'avènement du tzar Nicolas Ier lui offrit l'occasion de se mettre en campagne pour reconquérir ses provinces perdues. Ses troupes victorieuses s'avancèrent jusqu'à Élisabethpol qu'elles occupèrent; elles ne conservèrent pas longtemps ces avantages et subirent plusieurs échecs.

Le général russe Madatoff battit l'armée persane près de Tiflis; et, de son côté, Paskievitch reprenait Élisabethpol, achevait de détruire les forces persanes à Boulak et entrait de vive force à Érivan et à Tauris. Cette campagne malheureuse contraignit Feth-Ali à signer le traité de Tourkmantchai (1827), qui dépouillait la Perse des provinces d'Érivan et de Nakchivan et fixait l'Araxe comme frontière entre les deux États. Le Chah payait en outre une indemnité de guerre de 80 millions de roubles et Abbas-Mirza était reconnu comme héritier présomptif de la couronne. Les Persans, exaspérés de se voir imposer d'aussi humiliantes conditions qui leur enlevaient leurs plus fertiles provinces, résolurent de se venger d'une manière sanglante.

Ils massacrèrent avec sa suite l'envoyé russe Griboyédov, que le tzar venait d'accréditer en Perse comme ambassadeur. Feth-Ali apaisa la colère de Nicolas Ier en envoyant à Saint-Pétersbourg le fils d'Abbas-Mirza, chargé d'expliquer les causes de cet événement tragique et de présenter ses excuses. Ce souverain, qui était belliqueux et doué d'une prodigieuse activité, essaya de conquérir Hérat et Caboul en Afghanistan; il échoua dans sa campagne et mourut en 1834. Comme son fils Abbas-Mirza était mort avant lui, il désigna comme successeur au trône le fils de ce dernier, Mohammed, qui régna de 1834 à 1848.

Ce souverain, d'un caractère très doux, prit comme conseiller le Mollah Hadji Mirza Hagassi, auquel il accorda toute sa confiance. Il se rapprocha de la Russie, qui le poussa à faire le siège d'Hérat et lui fournit officiers et soldats pour l'entreprendre et le mener à bonne fin.

Le siège de cette place, défendue par un officier anglais, dura dix mois; elle était sur le point de se rendre et de capituler, lorsque le Gouvernement anglais donna l'ordre de le lever et enjoignit au Chah de s'éloigner de l'Afghanistan, le menaçant d'une descente dans le golfe Persique, s'il ne tenait pas compte de ses avertissements (1839). En 1846, le traité de Tiflis cédait à la Russie les ports de Recht et d'Asterabad sur la mer Caspienne.

Mohammed Chah mourait, laissant le pouvoir à son fils Nasr-Eddin (le 13 octobre 1848).

Ce prince faillit être victime du fanatisme des sectaires du babysme, sorte de secte religieuse qui fut fondée en Perse par Ali-Mohammed en 1843. Il habitait le palais de Niaveran, à 4 lieues de Téhéran, et se tenait dans ses jardins sous une tente, se rafraîchissant de pastèques, lorsqu'il aperçut trois ouvriers qui travaillaient sous un soleil ardent et paraissaient exténués de fatigue. Il leur fit donner des pastèques. C'étaient trois babys qui s'étaient fait engager à son service pour pouvoir l'approcher de plus près et l'assassiner, comme ils en avaient reçu la mission de leurs coreligionnaires.

Quelques jours après, le Chah se promenait à cheval aux environs de son palais, lorsqu'il rencontra ces trois hommes qui se prosternèrent à ses pieds en lui adressant une supplique.

Ils se jetèrent sur le cheval du souverain, qu'ils saisirent à la bride et firent feu. S. M. Nasr-Eddin reçut des chevrotines au bras droit et aux reins. Un des meurtriers fut tué par Assad-Oullah-Khan, grand écuyer, et les autres, arrêtés par l'escorte, furent conduits à Téhéran, jugés, condamnés à mort et exécutés. Un Français, le docteur Cloquet, donna ses soins au souverain qui fut bientôt remis de ses blessures, à la grande joie de son peuple.

En 1853, S. M. Nasr-Eddin se décida à aller mettre le siège devant Hérat. Un officier français de l'arme du génie, au service de la Perse, le général Buhler, conduisit les opérations avec succès, et la place se rendit après cinq mois d'une héroïque résistance. Les Anglais, jaloux de ces succès, renouvelèrent la tactique qu'ils avaient suivie avec Feth-Ali. Ils envahirent Bender-Bouchir, dans le golfe Persique, et s'apprêtaient à marcher sur Téhéran, lorsque le congrès de Paris mit fin à la guerre de Crimée (1857). Ils renoncèrent à leurs conquêtes et exigèrent la rétrocession d'Hérat à l'Afghanistan.

Le Chah entreprit une campagne victorieuse contre l'iman de Mascate et le khan de Khiva.

S. M. Nasr-Eddin fit tous ses efforts pour donner à son règne un caractère pacifique. Il entretint d'excellentes relations avec la France, qui lui avait envoyé comme ambassadeur M. Bourée. Il confia à un Français, le commandant Duhousset, le soin de réorganiser son armée à l'européenne. Il a favorisé dans ses États l'établissement d'une ligne télégraphique qui relie l'Inde à l'Europe, en passant par Bouchir, Chiraz, Ispahan, Kachan, Téhéran, Tauris et Tiflis ; une autre branche va de Faou au fond du golfe Persique sur Bagdad, Diarbékir et Constantinople, enveloppant les principales villes de son empire dans un vaste réseau qui les fait communiquer entre elles. Il a donné à des compagnies russes la concession de voies ferrées entre Téhéran, Kazvin, Recht et Bakou, et entre Tauris et Téhéran. Il a autorisé les Russes à prolonger jusqu'à Meched un embranchement de leur grande ligne d'Ouzoun-Ada à Samarcande. Ces voies ferrées, encore à l'état de projets, offrent d'énormes difficultés de construction, à cause des gorges profondes et des montagnes élevées qu'il faut franchir, et exigeront de gros capitaux.

Les Anglais, voulant contrebalancer l'influence russe, ont conçu le projet de créer des lignes desservant Bender-Bouchir, Chiraz, Ispahan et Téhéran, afin d'ouvrir des débouchés à leurs produits par le golfe Persique. Elles n'ont pas encore été commencées. Aucune nécessité commerciale n'en justifie le tracé, et les villes et villages peu populeux qu'elles traverseront sont trop pauvres et trop distants les uns des autres pour assurer un trafic rémunérateur.

S. M. Nasr-Eddin, voulant connaître l'Europe et étudier *de visu* notre civilisation, a visité trois fois notre continent et a consigné dans un intéressant journal qui a été traduit en langue anglaise (par M. S.-W. Redhouse, membre de la Société asiatique de Londres), d'ingénieuses et intéressantes observations sur nos mœurs, nos institutions et les fêtes et spectacles qui ont été donnés en son honneur. C'est en 1873 que son premier voyage a eu lieu. Il s'est arrêté plusieurs jours à Saint-Pétersbourg, Berlin, Londres, Bruxelles, Paris, Genève, Vienne et Constantinople.

Dans toutes ces capitales, il a été accueilli avec des marques de respectueuse sympathie. Banquets, représentations de gala, revues militaires, soirées officielles lui ont été prodigués. La France s'est fait remarquer par l'éclat et le nombre des réceptions brillantes qu'elle a réservées à ce souverain. Monté sur un magnifique cheval blanc, de race arabe, couvert d'un harnachement doré et enrichi de pierreries, dont la partie supérieure de la queue était ceinte d'un bracelet en or massif, émaillé de diamants, il a vu défiler devant lui en 1873, sur l'hippodrome de Longchamps, toutes les troupes du gouvernement militaire de Paris.

L'accueil chaleureux dont S. M. Nasr-Eddin a été l'objet en 1873, lui a laissé un si agréable souvenir, qu'en 1878 et en 1889, à l'occasion des expositions universelles de France, il a visité de nouveau les puissances européennes. C'est à Paris qu'il a fait le séjour le plus long ; il a apprécié les distractions variées et charmantes qu'offre notre merveilleuse capitale où il se sent à l'aise, au milieu d'une nation qui lui témoigne les plus grands égards. En 1889, il venait de faire une promenade aux Buttes-Chaumont, lorsque le maire d'un arrondissement voisin le pria de venir présider une distribution de prix de jeunes garçons. Il se rendit de bonne grâce à cette aimable invitation et revint enchanté de l'ovation qui lui avait été faite dans ce quartier populaire.

C'est aussi à Paris qu'il a fait ses plus importantes commandes d'objets de toutes sortes, et nos négociants se sont empressés de satisfaire son goût des choses luxueuses.

A la suite de son second voyage en Europe, le Chah a obtenu la rétrocession à son empire de la ville de Kotour que la Turquie occupait depuis 1850. En 1882, il a procédé avec la Russie à une rectification des frontières turcomanes, afin d'ôter aux nomades de ces pays tout prétexte d'incursion dans ses États.

Ces visites successives des principaux pays du continent européen ont laissé des traces durables et bienfaisantes dans l'esprit de ce roi des rois et lui ont inspiré d'heureuses et utiles réformes, telles que l'adoption de notre système monétaire, l'adhésion à l'union postale, certains encouragements donnés à l'instruction publique, etc.

D'un caractère droit, il rend lui-même la justice dans certaines causes graves, qui intéressent la sûreté de l'État; il s'entretient souvent avec ses ministres et consacre tous ses soins à développer la prospérité de son peuple.

2.

La Perse n'est pas grevée d'une dette extérieure et n'a jamais contracté le plus léger emprunt, car les impôts suffisent aux dépenses du gouvernement.

Le Chah possède un trésor privé qui a été évalué à plus de cent millions en or et en pierres précieuses. Son palais contient des vases remplis de diamants, de rubis, d'améthystes, de turquoises, d'émeraudes, etc. Le trône sur lequel il s'assoit, les jours de cérémonie, a été estimé en 1765, par le voyageur Tavernier, ancien joaillier, à la valeur énorme de 160,500,000 francs. Il a été pris en 1740, au grand mogol de Delhi, par Nadir Chah.

L'uniforme de gala du Chah se compose d'un bonnet d'astrakan (*kholah*) surmonté d'une aigrette en diamants, d'une tunique couverte de broderies, d'un baudrier et d'un cimeterre, le tout enrichi de pierres rares, d'un prix très élevé.

Toutefois, S. M. Nasr-Eddin s'habille le plus souvent de vêtements simples, de coupe européenne.

Les œuvres des poètes persans, Hafir, Firdousi, Sadi sont lues par lui et charment ses loisirs. Il parle facilement notre langue et, pendant sa visite à Constantinople, il se plaisait à s'entretenir en français avec les ambassadeurs des diverses puissances européennes.

Il est roi absolu et gouverne lui-même. Ses vizirs, qui sont ses serviteurs, sont ceux des affaires étrangères, de l'intérieur, des finances, de la justice, de la guerre, des fondations pieuses. Le royaume est divisé en provinces et gouvernements, administrés par des gouverneurs (*beylier-bey*), qui réunissent entre leurs mains les pouvoirs civil, militaire, judiciaire et administratif. Ces gouvernements sont subdivisés en districts, qui ont à leur tête des *hakim* (gouverneurs) et des *kalanter* (chefs de police).

S. M. Nasr-Eddin a de nombreuses femmes. Sa famille se compose de trois frères, treize filles et cinq fils.

L'aîné de ses fils, Zelle-Saltaneh, est gouverneur d'Ispahan; le second, S. A. I. Mouza-Fereddin, né d'une princesse, est gouverneur de Tauris; c'est son héritier présomptif. Le troisième. S. A. I. le prince Naïeb-Saltaneh, émir Kébir, est ministre de la guerre et gouverneur de Téhéran. C'est à ce prince que sont confiées l'administration et la haute direction de l'armée persane, sur laquelle il exerce une autorité souveraine. Son premier aide de camp est le général Abbas-Khouli-Khan qui, en 1868, a été détaché à l'École d'application de l'artillerie et du génie de Metz. Il a passé le mois d'août 1893 à Paris et y a étudié les rouages de notre organisation militaire qui l'ont vivement intéressé. Deux autres princes encore jeunes n'exercent aucun commandement.

CHAPITRE II

Armée persane.

L'armée persane a longtemps été composée de troupes irrégulières ; ce sont des officiers européens qui l'ont réorganisée et en ont fait une armée régulière, soumise aux lois d'une discipline sévère, régie par des règlements de manœuvres précis ; en un mot, habillée, armée et équipée comme le sont les forces militaires des puissances de notre continent.

En 1807, ainsi que nous l'avons dit plus haut, Napoléon Ier confia au général Gardanne une mission en Perse. Les capitaines Fabvier et Lamy, et le lieutenant Trezel lui furent adjoints et jetèrent les premières bases de la réorganisation des troupes persanes. Fabvier fonda un arsenal à Ispahan ; un corps de 4,000 hommes d'infanterie fut créé. Après le départ de cette mission, l'Angleterre devenue influente en Perse, envoya des officiers dans ce pays et paya au Chah Feth-Ali un subside de 200,000 livres pour l'entretien de 12,000 fantassins.

Sous le règne de Mohammed Chah (1834-1848), la prépondérance de la Russie fit place à celle du gouvernement britannique, et quelques officiers russes prirent du service dans ce pays. Un officier français, le capitaine Buhler, de l'arme du génie, entra dans l'armée du Chah; il prit part, en 1839, au siège d'Hérat et entoura Téhéran d'une muraille fortifiée, d'après le système Vauban. Il est mort et a été inhumé dans la capitale de la Perse.

S. M. Nasr-Eddin, le souverain actuel, demanda en 1861 des officiers français, comme instructeurs de son armée. Le lieutenant-colonel d'infanterie Brongniart fut placé à la tête de cette mission, composée des capitaines Benezech, Duhousset et Rous; il fit accomplir de sérieux progrès à la transformation de l'armée persane.

Des médecins de notre armée se sont succédé dans la capitale de la Perse et ont été attachés à la personne du roi. Ce sont les docteurs Cloquet, Tholozan, Feuvrier. Ils ont contribué à maintenir notre influence auprès du Chah, et à la faire aimer et respecter. Le docteur Schneider, médecin-major de 1re classe, est parti en octobre 1893, demandé par un des fils du Chah, le prince Naïeb-Saltaneh émir Kébir, dont il est le médecin officiel.

En 1878, S. M. Nasr-Eddin, à son passage à Vienne, obtint de l'empereur François-Joseph que quelques officiers de l'armée austro-hongroise lui fussent envoyés afin de procéder à une nouvelle réorganisation de ses troupes. Uniformes, armement, casernement, administration, règlements, tout fut modifié, et l'armée autrichienne servit de modèle pour les transformations ci-dessus. Des canons Uchatius furent installés sur les murs de Téhéran, Ispahan et Tauris. A l'expiration de leur engagement, quelques membres de cette mission donnèrent leur démission, et, désireux de conserver leurs fonctions, entrèrent définitivement dans l'armée persane, où ils furent bientôt promus généraux. Ce furent : MM. Wagner de Watterschtad, Krauss, Bruckenk, Vedel, Geissler et Mottès. Le général Wagner de Watterschtad a déployé une féconde activité dans la réforme des forces militaires persanes ; chaque année il se rend à Tauris pour y inspecter et y faire manœuvrer les troupes de l'Azerbeïdjan, placées sous les ordres du prince héritier (*Veli-Had*), et composées des éléments les plus guerriers de ce peuple.

Un Italien, M. Andreini, qui a le titre de général, est au service du Chah depuis 1857.

C'est la Russie qui fournit actuellement des officiers instructeurs à la Perse.

Il y a à Téhéran un corps de cavalerie qui a été équipé, habillé et armé comme les sotnias de cosaques. Les soldats qui le forment sont revêtus d'une tunique noire ou garance, d'une grande capote (*tcherkeska*), d'un pantalon large à la zouave et coiffés d'un bonnet en peau d'agneau. Ils sont armés d'un sabre droit et d'une carabine du système Berdan. Une batterie d'artillerie, formée de pièces de montagnes, dues à la libéralité du tzar, est affectée à cette troupe d'élite. C'est le colonel russe Demontowich qui en a été l'organisateur; ses successeurs ont été les colonels Tcharkowski, Kousmine-Karawieff et Schnéour. Ce dernier commande aujourd'hui ce corps ; il a sous ses ordres les capitaines de Bellegarde, Raffalovich et de Blumer, et une dizaine de sous-officiers de nationalité russe.

Chaque fois que le Chah sort de son palais et traverse les rues de Téhéran pour se rendre dans ses nombreuses villes suburbaines, il est escorté d'une centaine de cavaliers habillés de tuniques noires et ceints de baudriers argentés. Les harnachements des chevaux des hommes sont recouverts de filigranes d'argent, et ceux des officiers sont dorés. Ils sont armés de carabines du système Martini. Cette troupe, qui entoure la voiture du souverain, est précédée de cavaliers porteurs de masses d'argent, vêtus de tunique en drap écarlate avec brandebourgs dorés. Des gens attachés à la maison du Chah (*chaters*) ayant pour mission, avec de longues gaules flexibles, de faire ranger la foule sur le passage de Sa Majesté, ouvrent la marche du cortège. Coiffés d'un bonnet rouge, orné d'un bouquet artificiel, chaussés de bas blancs montant jusqu'aux genoux, ils ont une tunique de drap rouge, agrémentée de torsades en or. Cette escorte est aussi brillante que pittoresque, et évoque le souvenir des splendeurs des anciens rois de l'Asie.

L'armée persane proprement dite se compose de troupes régulières et irrégulières et d'une milice.

Les troupes régulières (*nizam*) sont recrutées chez toutes les tribus de la Perse. La part la plus importante est fournie par les Turcs de l'Azerbaïdjan, dont la capitale est Tauris. Ce sont d'excellents soldats, braves et durs à supporter les fatigues.

Le *nizam* comprend les trois armes : infanterie, artillerie et cavalerie.

L'infanterie est formée de dix divisions (*toumani*), commandées chacune par un général de division (*émir toumani*).

Une division renferme dix régiments à un bataillon.

La réunion de deux ou trois divisions constitue une brigade sous les ordres d'un général de brigade (*sertib*).

Le régiment (*foudji*) a 10 compagnies, chacune de 100 hommes, officiers compris, soit 1000 hommes par régiment.

L'effectif de chaque compagnie ne dépasse pas

actuellement en temps de paix 70 à 80 hommes; ce qui réduit l'effectif du régiment à 700 ou 800 hommes au maximum.

Les cadres des officiers d'un régiment se composent de : 1 colonel (*serheng*), 2 commandants (*yaver*), 10 capitaines (*sultan*), 10 lieutenants en premier (*naïb-i-aval*), 10 lieutenants en second (*naïb-i-doyoum*), 10 enseignes (*beyzadehs*), 1 quartier-maître (*mirza-maschref*), 1 trésorier (*tahvildar*), 1 chef de musique, 1 médecin, 1 chirurgien, 1 pharmacien.

Le cadre des sous-officiers par compagnie est de 1 sergent, 4 caporaux, 8 chefs d'escouade.

L'infanterie régulière peut être évaluée à 70,000 hommes.

La cavalerie (*savareh-redif*) compte en temps de paix de 30 à 35,000 cavaliers qui sont astreints à fournir leur monture, leur harnachement et leur équipement. Ces cavaliers, élevés dès leur plus bas âge à chevaucher à travers des sentiers abrupts et escarpés, sont hardis et d'une adresse remarquable. Ils sont armés de sabres et de carabines du système Berdan. Leurs chevaux, de races arabe et kurde, sont très sobres, très résistants et ont le pied sûr.

La Perse possède un grand nombre de ces animaux, susceptibles de remonter une nombreuse et redoutable cavalerie, propre à faire la guerre de partisans et à rendre dangereux l'accès de certaines contrées montagneuses, d'une défense facile.

L'artillerie (*topdjis*) a 20 régiments, formés chacun de 3 à 4 batteries de 18 à 24 pièces, commandés par une dizaine d'officiers. Le régiment n'a que 350 hommes.

Les 20 régiments comptent environ 7,000 hommes.

Les bouches à feu sont de tous calibres, 6, 7, 9, 12, 18 et 24. Il y a en service des canons de montagne et des pièces des systèmes Krupp et Uchatius. Un Français, M. Bottin, sous-directeur de l'arsenal de Téhéran, est chargé de transformer les pièces se chargeant par la bouche en pièces se chargeant par la culasse. Ce travail s'opère lentement. Toutefois, S. M. Nasr-Eddin fait acheter en Europe des canons des systèmes les plus nouveaux pour doter son artillerie d'un armement perfectionné et la mettre à hauteur des armes similaires des grandes puissances.

Dernièrement, le colonel Mottès a été en Autriche pour y acheter 20,000 fusils du système Werndl.

Une cartoucherie a été installée à Téhéran, sous la haute direction du prince Naïeb-Saltaneh, le troisième fils du Chah. M. Potteau, un Français, a été à la tête de cet établissement pendant trois ans et a été remplacé par un Autrichien.

A certaines cérémonies publiques, on voit des pièces d'artillerie de petit calibre portées à dos de chameau. Cette artillerie (*zanborotchi*) pourrait peut-être être utilisée en temps de guerre.

L'armée persane ne possède ni intendance, ni train des équipages militaires.

En marche, les troupes vivent sur le pays et sont nourries par les habitants. Ce sont des ânes et des chameaux, appartenant aux soldats eux-mêmes, qui transportent les vivres et bagages de toute sorte, armes, munitions, campement dont sont encombrés les corps d'armée en marche.

Les uniformes de l'armée persane sont assez variés et diffèrent suivant les tribus qui fournissent les contingents. L'uniforme le plus généralement adopté se compose d'un bonnet en peau d'agneau, d'une tunique courte en drap bleu du pays, d'un pantalon à bande rouge et de bottes. Une capote, surmontée d'un capuchon, complète cette tenue militaire simple et pratique.

La milice (*toufendji*) comprend environ 10,000 hommes.

Le temps de service dans l'armée persane n'est pas limité. Tout Persan est astreint au service militaire depuis 18 ans jusqu'à l'âge où ses infirmités le rendent incapable de porter les armes. Il accomplit une année de service et tous les trois ans revient sous les drapeaux s'exercer une nouvelle année. Le remplacement est toléré ; mais celui qui use de ce moyen est responsable de celui qu'il prend en son lieu et place. Si celui-ci déserte ou meurt au service, il est chargé de pourvoir à son remplacement. Chaque village fournit un nombre d'hommes proportionné au chiffre d'impôts qu'il paye. De cette façon, l'impôt du sang est équitablement réparti.

Le budget de la guerre s'élève à 5 millions de francs environ, suffisant amplement à assurer les besoins de l'armée.

La ville de Téhéran a un Collège impérial où des professeurs français, autrichiens et allemands sont chargés de l'enseignement.

Une école militaire reçoit chaque année 150 jeunes gens qui, à leur sortie, sont promus officiers.

L'armée persane doit à la vive et intelligente impulsion de S. M. Nasr-Eddin les sérieux et importants progrès qu'elle réalise chaque jour. Son armement, acheté dans les meilleures manufactures d'armes de la France, de la Russie, de l'Allemagne, de l'Autriche et de l'Angleterre, la rend assez forte pour repousser avec succès les attaques et incursions des tribus voisines (Turkmènes, Afghans, Kurdes), qui d'ailleurs respectent ses frontières.

CHAPITRE III

La musique française en Perse.

La Perse, avant l'arrivée des missions militaires françaises, n'avait pas de musique militaire ; l'art musical persan consiste en mélodies qui sont chantées ou jouées sur des instruments à cordes du pays et le plus souvent sont accompagnées de danses lascives.

Ce sont des Français qui ont introduit et propagé dans cet empire le goût de notre musique et l'ont fait apprécier. M. Bousquet, chef de musique, fut envoyé à Téhéran et y resta deux ans, 1856 et 1857. M. Rouillon, qui lui avait été adjoint comme sous-chef, lui succéda comme directeur de la musique du Chah jusqu'en 1867. Il fut remplacé par M. Lemaire, alors sous-chef de musique au 1er régiment de voltigeurs de la garde, que le maréchal Niel, ministre de la guerre, avait mis à la disposition du gouvernement persan.

Lorsque cet habile artiste, ex-2e prix de flûte et d'harmonie au Conservatoire de musique de Paris aux concours de 1858 et 1861, prit ses fonctions, il trouva des musiciens ignorants et inexpérimentés, dont l'éducation musicale avait été fortement négligée. C'est en vain qu'un Italien, nommé Marco, avait tenté quelques essais timides d'organisation de musiques militaires. M. Lemaire avait tout à créer ; doué d'une rare énergie et de beaucoup de patience, il se mit résolument à l'œuvre et obtint des résultats sérieux. Il prit individuellement chacun de ses élèves asiatiques, lui apprit le solfège, puis la gamme et parvint à en faire un musicien, capable de jouer convenablement l'instrument qui lui était confié.

En vingt-cinq années de persévérants efforts, il organisa quarante-cinq musiques militaires et dota toutes les villes de la Perse, occupées par des troupes, de corps de musiciens qui jouèrent les morceaux de nos répertoires. Il opéra une véritable révolution artistique dans ce pays qui, n'ayant aucun caractère matériel pour représenter les sons, ni aucun signe pour indiquer les rythmes, semblait rebelle à toute science de la musique.

Voulant marquer son passage à la tête des musiques du Chah par une réforme durable, M. Lemaire institua une sorte de Conservatoire de musique, au Collège impérial, où se forment chaque année les jeunes gens qui se destinent aux musiques de l'armée, soit en qualité de chefs, soit comme simples musiciens. Un professeur y est

chargé du solfège, de l'harmonie et de l'enseignement des instruments à vent.

La durée des cours est de huit années remplies
par un programme judicieusement composé.

A la sortie de cette école, les élèves subissent un
concours pour obtenir le diplôme de chef de musique ; ils sont promus au grade de commandant et
peuvent devenir colonels.

Chaque musique militaire envoie cinq musiciens
à ce collège, et tous les ans elle en reprend un,
qu'elle remplace par un autre.

Les élèves des deux premières divisions sont
conduits chaque matin au terrain de manœuvres,
où M. Lemaire les exerce à jouer et à diriger une
musique.

Ce sont les élèves les plus anciens, comptant
trois années de pratique, qui initient au solfège et
apprennent les instruments à leurs camarades les
plus jeunes.

Cette méthode, en excitant l'émulation, exerce
une heureuse influence sur les études musicales.
On forme aussi de bons solistes jouant avec beaucoup de virtuosité.

Le programme suivant montre à quel haut degré
a été portée l'éducation musicale des Persans par
l'infatigable activité de M. Lemaire.

PROGRAMME

des morceaux exécutés par les élèves du Collège impérial
de Téhéran.

1º *Massoud-Marsh*...................... LEMAIRE.

2º Cavatine de *Faust*, solo de bugle, exécuté par le capitaine Youssef Khan. GOUNOD.

3º Quatuor de *Rigoletto*................ VERDI.

4º *Sultan-Polka*, solo de petite flûte, exécuté par le capitaine Mirza Hussein. D'ALBRET.

5º Quintetto de la *Somnambula*, solo par
le capitaine Suleiman Khan........ BELLINI.

6º *Ispahan-Polka*, solo de piston, exécuté
par le capitaine Youssef Khan...... A. OUDIN.

7º 1er acte de la *Norma*, solo de clarinette,
exécuté par le lieutenant Hadji Khan. BELLINI.

8º 4e acte de *Lucia*, solo de saxophone,
exécuté par le capitaine Mirza Hus-
sein................................. DONIZETTI.

9º Duo du 3e acte de la *Norma*.......... BELLINI.

10º 3e acte du *Trovatore*, solo de clarinette,
exécuté par le capitaine Suleiman
Khan........... .... VERDI.

11º 5e acte de la *Juive*, solo de trombone,
exécuté par le lieutenant Ali Mahmet
Khan................................. HALÉVY.

« Chaque musique, composée de quarante à
« soixante exécutants, a un commandant, un capi-

« taine, un lieutenant, un sous-lieutenant, deux à
« quatre adjudants, dix sergents ou caporaux.

« Les deux musiques spéciales de S. M. Nasr-
« Eddin ont en plus chacune un colonel (1). »

Les élèves du Collège impérial de Téhéran, qui
suivent les cours de musique, reçoivent chaque
année une solde de 120 à 250 francs.

Les musiciens des régiments reçoivent des gra-
tifications en argent, et le Chah se montre généreux
à leur égard lorsqu'ils exécutent des morceaux qui
lui plaisent.

M. Lemaire a passé quelques-unes de ses musiques à M. Gebauer, d'origine autrichienne, et a
appelé pour le seconder actuellement, et lui succéder plus tard, un ancien musicien de la garde
républicaine, M. Duval, qui a le grade de commandant, et continue à suivre les traditions de son
chef.

M. Lemaire est aussi un compositeur plein de
talent et d'originalité. Ses principales œuvres sont:
l'*Hymne national persan*, la *Marche du couronne-
ment*, et un grand nombre de marches militaires,
quadrilles, valses, polkas, etc. Il a fait éditer chez
Choudens, *vingt airs populaires persans* pour piano
(1872), *quinze airs populaires persans* pour piano
(1881).

(1) V. Advielle, *La Musique chez les Persans.*

Le souverain de Perse l'a récompensé de ses longs et brillants services en le comblant d'honneurs. Il lui a octroyé le grade et rang de général de division et l'a nommé commandeur du Lion et du Soleil de Perse, et officier de l'Ordre scientifique de Perse. M. Lemaire est, en outre, décoré de plusieurs autres ordres étrangers.

Le gouvernement français n'a pas oublié notre compatriote et l'a décoré des palmes académiques.

———

La France est représentée à Téhéran par un ministre plénipotentiaire, assisté d'un secrétaire de 2e classe, d'un premier drogman et d'un deuxième drogman chancelier.

TABLE DES MATIÈRES

Paris. — Imprimerie L. BAUDOIN, 2, rue Christine.

130

A LA MÊME LIBRAIRIE

DU MÊME AUTEUR :

LES

POSSESSIONS FRANÇAISES

DE

L'AFRIQUE OCCIDENTALE

2ᵉ ÉDITION

1 vol. in-12 de 350 pages avec 2 cartes

Prix : 3 fr. 50

Paris. — Imprimerie L. Baudoin, 2, rue Christine.